December 26, 1960

Dear Mr. Sasek,

I enjoyed your books about Rome, New York, London and Paris. But Mr. Sasek, won't you please write "This is Tokyo."

Joey Keller, 9 Tain Drive Great Neck, N.Y.

(6 years of age)

# To je

## M. Sasek

Baobab

Buráky — a téměř
vše ostatní — si můžeš
koupit z automatu

— dokonce i pero.

# M. Sasek?

Mnoho z nás, co máme „jistý věk" a vyrůstali jsme v padesátých a šedesátých letech na Západě, se s jinými kulturami seznamovalo prostřednictvím tajemné osoby vystupující pod jménem Sasek nebo M. Sasek. Netušili jsme, kdo to je a jaké má křestní jméno, ale věděli jsme, že všechny jeho knihy začínají „This is…". A také jsme v oněch časech, ještě před rozkvětem masové turistiky, věděli, že způsob, kterým nám tento autor ukazuje ona exotická, „cizozemská" místa jako Paříž, New York nebo Řím, je neskonale zajímavější než hodiny zeměpisu ve škole. Snad to bylo proto, že se pan Šašek na ta místa díval očima umělce, které tolik připomínají oči dítěte. Jako vizuální myslitel nechtěl zachytit ducha místa jen skrze sérii obrázků slavných památek, budov a dominant. Uměl se objektům svého zájmu dostat takříkajíc pod kůži, s hravostí vystihnout a glosovat rytmy a zvyklosti každodenního života na každé ze zastávek svých cest. Ať je to stránka zaplněná prodejními automaty ve skvostné knize This is New York (To je New York), nebo poněkud troufalý portrét sebe sama jako vikinského nájezdníka uvězněného v mučícím nástroji zvaném kláda (se složkou s výkresy u nohou) v knize This is Historic Britain (To je historická Británie), je v autorových knihách vždy přítomné pozorné vylíčení toho, jaké to je *tam být*. Zřejmá fascinace Miroslava Šaška drobnými anekdotickými detaily, ze kterých je ušita jedinečná látka života na určitém místě, činí ze série This is… nadčasové klasické dílo, které bylo a nepochybně bude vydáváno zas a znova. Rozhlédneme-li se po krajině knižní ilustrace v éře rychlého globálního komunikování, nelze si nevšimnout, že vzájemné působení a ovlivňování vizuálního výrazu je všudypřítomné. Neplatí to jen napříč kulturami, ale i napříč desetiletími. Zdá se, že právě vizualita poloviny 20. století ovlivňuje dnešní grafický výraz nejmarkantněji. Vzdor rozvoji tiskových a digitálních technologií, které umožňují vytvořit tu nejokázalejší a nejnáročnější barevnou reprodukci, jsou to právě limity, které do jisté míry určovaly vizuální estetiku padesátých a šedesátých let, co, má zdá, se pro současné výtvarníky zvláštní půvab. Řada ilustrátorů se dnes uchyluje k omezené paletě barev a tiskovým postupům příznačným pro ono období… A stále více výtvarníků nejmladších generací obdivuje kouzlo a grafický důvtip díla Miroslava Šaška. Zaslouží si být připomínán jako jeden z nejnadčasovějších a nejvlivnějších tvůrců obrazových knih ve 20. století.

**Martin Salisbury**

ISBN 978-80-87060-94-0

# V dokumentech, vzpomínkách a obrazech

M. Šašek

Otec Miroslava Šaška Alois Šašek pocházel
ze starého mlynářského rodu, který na Luckém
mlýně u Lovosic žije už od konce 17. století.
Na fotografii je mu necelých třicet let a je tam
se svými rodiči, pěti bratry, sestrou Marií, jejím
manželem a dětmi.
V roce 1915 se oženil s Annou Marií Novákovou.

Miroslav Šašek se narodil 18. listopadu 1916
v Praze na Žižkově, jeho sestra Věra o čtyři
roky později.

Rodina žila krátce v Sedlčanech, kde Alois Šašek pracoval jako ředitel kanceláře První vzájemné pojišťovny a Miroslav navštěvoval čtvrtou a pátou třídu obecné školy. V roce 1926 Alois Šašek ve věku čtyřiceti jedna let zemřel na zápal plic. Anna Marie se s dětmi odstěhovala zpátky na Žižkov a vrátila se k práci česko-německé korespondentky.

*„Žižkov našeho mládí, to byla rušná občanská společnost první republiky se vším všudy,"* vzpomíná Zdena Sládková, přítelkyně Věry a Miroslava Šaškových. *„Plno spolků, hlavně Sokol s vrchem Vítkovem a pak taneční v hotelu Tichý. [...] To všechno jsme prožívali společně. [Mirek] byl drobnější a podobný své mamince. Vyznačoval se bílou bekovkou, to si dobře pamatuji."*[1]

1 — Dopis Z. Sládkové Nadačnímu fondu Miroslava Šaška. Text je uložen v archivu Nadačního fondu.

Miroslav po obecné škole chodil na reálku. Ve škole ho nejvíc bavilo kreslení, ostatní předměty asi moc ne.

ČESKOSLOVENSKÁ REPUBLIKA.

Státní československá reálka v Praze XI.

Čís. katal.: 22

# Výroční vysvědčení.

Miroslav Šašek,

narozen dne 18. listop. 1916 v Žižkově v zemi české,
náboženství římskokatolického, žák sedmé třídy, nabývá
za školní rok 1934/35 tohoto vysvědčení:
Chování: velmi dobré.

| Prospěch v jednotlivých předmětech: | | Celkový výsledek: |
|---|---|---|
| v jazyku československém | dostatečný | |
| v jazyku německém | dostatečný | |
| v jazyku francouzském | dostatečný | |
| v dějepise a zeměpise | dobrý | |
| v matematice | dostatečný | Dokončil třídu |
| v přírodopise | dostatečný | s |
| ve fysice | dostatečný | |
| v deskriptivní geometrii | dobrý | |
| ve filosofické propedeutice | dobrý | prospěchem. |
| v kreslení | velmi dobrý | |
| v tělocviku | dobrý | |

Chtěl být malířem, rodina si ale přála, aby měl solidnější povolání.
Vystudoval proto architekturu a školu kreslení a malování na ČVUT.
*„Počítal jsem okýnka a stavěl domečky, ale přitom jsem pytlačil v knížkách."*[2]
*„Za svých studií v Praze věnoval se Miroslav Šašek také praktickému létání
v plachtění na hoře Rané u Loun,"* píše se v rodinné kronice.[3] Taky hodně
cestoval: koncem třicátých let navštívil Anglii, Skotsko, Francii, Německo,
Belgii, Holandsko, Itálii, Španělsko a severní Afriku. Na cesty si asi
přivydělával u cestovní společnosti Wagons-Lits/Cook.

---

2 — Šklíbová, H., nedatovaný rukopis s citacemi z rozhovorů s Miroslavem
Šaškem. Text je uložen v Památníku národního písemnictví.

3 — Kronika rodiny Šaškovy, rodinný archiv.

Telefony : 27924, 28001, 30395          ÚČET POŠT. SPOŘITELNY 63 643          Adresa telegramů : Sleeping

# WAGONS-LITS//COOK

### Světová Cestovní Organisace

## MEZINÁR. SPOLEČNOST LŮŽKOVÝCH VOZŮ - C͟IE INT. DES WAGONS-LITS

### Filiálka v PRAZE
PŘÍKOPY 26

*Praha, II.,*   5/X 1939

Čís _____
(V odpovědi račte uvésti)

### VYSVĚDČENÍ

    Potvrzujeme tímto, že pan Miroslav Š a š e k byl
od 8/II. 1939 do 30/9 1939 zaměstnán jako expediční úředník
v naší cestovní kanceláři a během této doby byl také detašován
po dobu 3 měsíců v naší agentuře v Bratislavě.

    Během své činnosti osvědčil se jako prvotřídní expedient
ve styku s cestujícím obecenstvem, jmenovitě s cizinci, jelikož
ovládá dobře češtinu, němčinu, francouzsštinu a angličtinu.
Je dobře obeznámen s agendou spacích a jídelních vozů, v prodeji
jízdních lístků všech druhů, jakož i v agendě vystěhovalectví a
lodních lístků.

    Pro nedostatek práce za nynějších okolností byl pan
Šašek, jakožto nejmladší v kanceláři nucen opustiti jemu svěřené
místo. Litujeme jeho odchodu a doporučujeme jej každému zaměstna-
vateli co nejvřeleji.

WAGONS-LITS//COOK
Cie Internatic...
Age...

12

Po studiích kreslil pro noviny (České slovo, Svobodné slovo, Kvítko, Večerník), ilustroval řadu knih pro nakladatelství Ladislava Kuncíře, Vyšehrad, Orbis a další.

Tajemství černého psa / Ellery Queen / Orbis / 1947

Nejkrásnější pohádka Kašpárka Vojty Mertena
Vojta Merten / Hejda & Zbroj / 1944

Má nejmilejší říkadla / Vyšehrad / 1948

Veselý kalendářík / Vyšehrad / 1948

# MIROSLAV ŠAŠEK

## BENJAMIN
### A TISÍC MOŘSKÝCH ĎASŮ
### KAPITÁNA BARNABÁŠE

U LADISLAVA KUNCÍŘE V PRAZE

U Ladislava Kuncíře vydal i svoji první autorskou knihu
Benjamin a tisíc mořských ďasů kapitána Barnabáše.

Benjamin a tisíc mořských ďasů kapitána Barnabáše / Ladislav Kuncíř / 1947

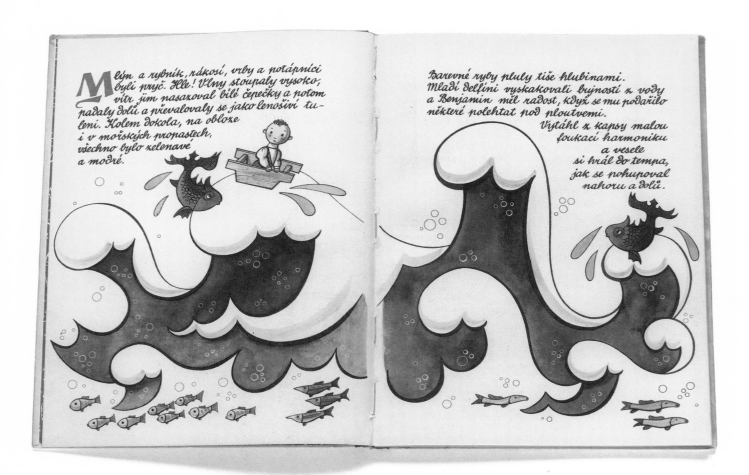

Mlýn a rybník, rákosí, vrby a potápníci byli pryč. Hle! Vlny stoupaly vysoko, vítr jim nasazoval bílé čepečky a potom padaly dolů a převalovaly se jako lenoší tuleni. Kolem dokola, na obloze i v mořských propastech, všechno bylo zelenavé a modré.

Barevné ryby pluly tiše hlubinami. Mladí delfíni vyskakovali bujností z vody a Benjamin měl radost, když se mu podařilo některé polehtat pod ploutvemi.

Vytáhl z kapsy malou foukací harmoniku a vesele si hrál do tempa, jak se pohupoval nahoru a dolů.

a měl co dělat, aby se choval statečně a neplakal. Nu, není to maličkost, vydat se na moře a skončit v černošském žaludku! Vzpomínal na mlýn, na rybník i na staré vrby a nejvíce ovšem na maminku; jak teď litoval, že se s ní ani nerozloučil!
Bylo to hrozné!
Nakonec se Benjamin se vším smířil a poprosil náčelníka Jakixxe, aby si směl ještě naposledy zahrát na foukací harmoniku. Spustil tedy »V Ratiboři na návsi« a černoši hleděli jako vyjevení a velice se jim to líbilo, protože nikdy neslyšeli tak pěknou písničku. I počali se vyptávat, kde ta Ratiboř leží a jak se sem z takové dálky dostal, a on jim všechno po pravdě pověděl. Všichni pozorně naslouchali a pokyvovali černými hlavami a čas letěl, poledne bylo dávno pryč a přišel večer. To bylo pro Benjamina dobré, protože černoši nikdy na noc maso nejedí, aby se jim dobře spalo. Pro dnešek byl tedy zachráněn; jedl s nimi banány, zapil je kokosovým mlékem a po večeři musel znovu vyprávět a hrát na harmoniku.
Když všechno vypověděl a chvíli bylo ticho, vzpomněli si černoši najednou opět na svůj smutek

a počali znovu naříkat. Tu se konečně Benjamin dověděl o hrozném neštěstí, které je potkalo; posvátná žirafa Méné je nemocná, nežere, chřadne den ze dne a kouzelníci kmene již týden marně nad ní čarují. Potom mu ji ukázali; vypadala opravdu špatně, jak seděla na palmovém trůnu se svěšenou hlavou, pokašlávala a dívala se unaveně jedním okem. Benjamin ji chvíli pozoroval, najednou pošeptal něco náčelníkovi do ucha a ten rozkázal, aby všichni černoši přinesli své zimní šály. Svázali je dohromady, až z nich byla jedna jediná dlouhatánská a tou pak Benjamin omotal žirafě Méné krk. Potom dal uvařit čaj s citronem, aby jej vypila a všichni šli s nadějí spat.
A ráno byla žirafa jak rybička!

V lednu 1946 se v Jablonci nad Nisou oženil s Jindřiškou Tumlířovou,
které se říkalo Dynda. V roce 1947 spolu odjeli do Paříže, kde Miroslav
Šašek studoval na École des Beaux-Arts a pracoval na ilustracích pro česká
nakladatelství. Ještě na jaře 1948 počítal s tím, že se do Čech vrátí: *„Dodělával
jsem tu ještě nějaké věci pro Orbis, teď pilně chodím na Akademii a maluju toho
svého Průvodce po Paříži pro dětičky. A právě se pouštím do ilustrací českých
Zvonokosů. [...] Myslím na Vás často a než se vrátím, jistě Vám ještě napíši,"*
píše v dopise redaktoru Václavu Kaplickému 28. dubna 1948.[4]

4 — Dopis Miroslava Šaška Václavu Kaplickému, Paříž, 28. 4. 1948.
Uloženo v Památníku národního písemnictví.

„Průvodce pro dětičky" připravoval Šašek pro nakladatelství
Ladislava Kuncíře (*„tenkrát jsem myslel ještě na spoustu textu
s drobnými obrázky"*),[5] ale po komunistickém převratu v roce 1948
bylo nakladatelství, jako řada dalších, zrušeno. Ladislav Kuncíř
byl v roce 1951 zatčen, neprávem obviněn z velezrady a odsouzen
k propadnutí majetku a deseti letům vězení.
Miroslav Šašek zůstal v Paříži, kde se pokoušel živit jako reklamní
grafik a architekt, v roce 1951 odešel do Mnichova, kde šest let
pracoval v české redakci rádia Svobodná Evropa (RFE).

5 — *U portrétisty velkoměst.* Rozhovor Františka Tomáše
s Miroslavem Šaškem. České slovo, 2. 1. 1961.

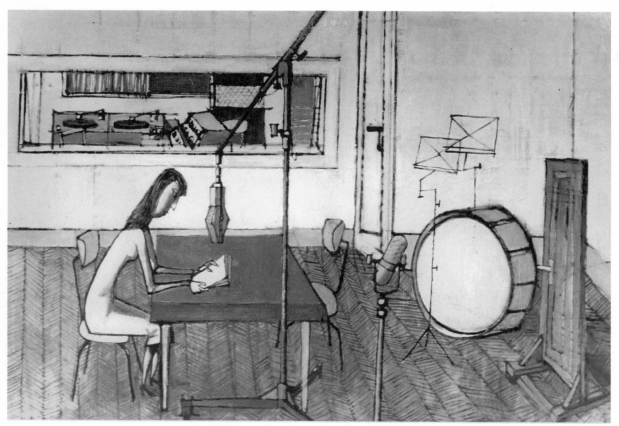

Studio 4 / černobílá fotografie obrazu z roku 1956

Miroslav Šašek s redaktorem rádia Svobodná Evropa (RFE)

*„Šašek nikdy předtím nemluvil do rozhlasu, ani nehrál ochotnické divadlo.
Přirozená inteligence, umělecká i lidská citlivost a hlas, v němž Kodíček, Čáp,
Lotar a Machatý probudili škálu skrytých rejstříků, z něho udělaly rázem
profesionála mimořádných kvalit. Protože se zmocňoval básníků vytříbeným
intelektem i všemi smysly, uměl dát jejich slovům pokaždé osobitý a chápavý
hlas. V našich pořadech Divadlo týdne četl skoro vždy hlavní úlohu."*[6]

6 — Nekrolog Jaroslava Dreslera, přepis vysílání RFE, 29. 5. 1980.
Text je uložen v pozůstalosti M. Šaška.

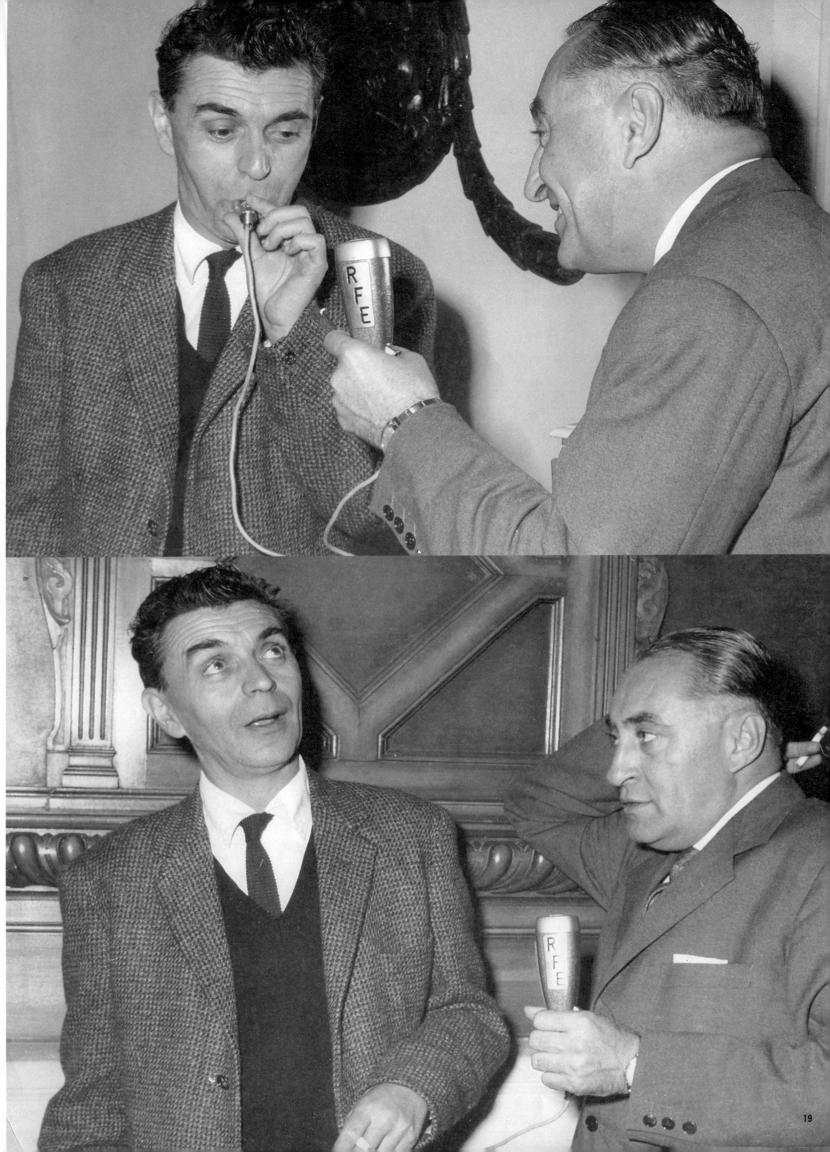

Pro Svobodnou Evropu kreslil také obrázky na letáky, které byly v padesátých letech prostřednictvím balónů dopravovány na území Československa.[7]

---

7 — Tomek, P., *Balony svobody nad Československem*. In: Junek, M. a kol., *Svobodně! Rádio Svobodná Evropa 1951–2011*, Praha: Radioservis, 2011.

---

stupníc a povoloval ím kde mohol, vyplácanie zvláštnych prídavkov. Na nátlak režimného aparátu bol zo svojej funkcie odvolaný a pracovný pomer s ním mal byť celkom rozviazaný. Avšak vedenie dopravného závodu sa postavilo na jeho stranu a udržalo ho v postavení referenta na riaditeľstve podniku.

● **Funkcionári závodnej rady na jednom dole v Petřkoviciach** v ostravsko-karvínskom revíre sa obratne vyhli úlohe prisluhovačov a agitátorov režimu. Mlčky sa dohodli, ale zato jednomyseľne, že nebudú vyriaďovať nič iného ako skutočne odborárske záležitosti: sociálnu pomoc členom, prídel stavebného materiálu a paliva a pod. Zriadili síce na oko také politické a popoháňačské komisie, ale tie zostali len na papieri.

● **V jednej obci v okrese Ledeč nad Sázavou** sa roľníci úspešne bránia, jak založeniu kolchozov tak i režimnému nátlaku k plneniu dodávok. Podarilo sa im — vďaka jednotnému postupu — vyhnúť sa zasahovaniu straníckej organizácie do obecných záležitostí a výkup zemiakov si organizovali sami medzi sebou.

**1937** **1954**

V roce 1937 byl průměrný týdenní výdělek dělníka (za předpokladu, že pracoval 50,5 hodiny týdně, jako je tomu dnes) 214.60 Kč. Čtyřčlenná rodina spotřebovala týdně 161,70 Kč na potravinách. Dnes vydělá dělník za 50,5 hodin průměrně 187,40 Kčs, ale potraviny pro čtyřčlennou rodinu týdně stojí 216,70 Kčs. To znamená, že ve velké většině případů nestačí průměrná mzda ani na obživu dělníkovy rodiny.

„Získaná dělnická práva nesmějí být oklešťována, naopak, musí se pomýšlet na jejich zabezpečení a rozšíření."
**Antonín Zápotocký**, v Rudém právu, 21. června 1945.

„Právo na stávku je zákonem zaručeno. Budou-li se opakovat pokusy o obrácení vývoje nazpátek, sáhnou pracující k své nejsilnější zbrani — stávce."
**Antonín Zápotocký** na odborovém aktivu v Praze.
Rudé právo, 17. května 1947.

**10**

**Víte, že**

● severovietnamští komunisté zvýšili v krátké době, jež uplynula od podepsání příměří, svůj vojenský stav o nových padesát pluků a o velké množství děl a motorových vozidel?

● v nově zvoleném americkém senátě jsou dva senátoři československého původu, senátor Roman Hruška za stát Nebrasku a senátor George Bender za stát Ohio?

● v Moskvě je v současné době pouze 25 chrámů, ve kterých je povoleno konat bohoslužby, zatím co před bolševickou revolucí jich bylo přes 1600?

● komunistická vláda v Bulharsku hodlá v nejbližší době uzákonit „volný svazek mezi mužem a ženou", aby se tak zvýšila porodnost?

**„Žijeme lépe a radostněji!"**

**Kdysi:** Protiklady kapitalismu byly zřejmé každému dítěti.

**Dnes:** Zásady našeho hospodářství jsou jasné každému.

**Kdysi:** Dělníci se ocitali každý týden bez práce.

---

## Proč jsou letošní volby do závodních rad tak důležité?

Protože volby do závodních rad jsou významnou příležitostí k boji proti otrocké závislosti odborů na straně a režimu. Posláním závodních rad, dokonce i podle komunistického zákona, není vnucovat dělnictvu nelidské normy, tak zvané socialistické závazky a bezplatné směny, a dělat zaměstnavateli popoháněče. Pravým posláním závodních rad je hájit zájmy zaměstnanců, to jest bojovat proti zvyšování norem, prosazovat bezpečnostní opatření na pracovištích a podporovat mzdové požadavky. Jde o to, aby se do závodních rad dostalo co nejvíce těch, kteří se budou snažit o návrat k původní úloze odborů.

Protože dělnické třídě už nestačí dosavadní rozptýlený a pasivní odpor. Pasivní odpor dokázal hodně: Dělnická třída zabránila státu-zaměstnavateli, aby zvýšil tempo práce, jak to měl původně v plánu. Socialistické soutěžení zůstalo na papíře. Stát-zaměstnavatel zavedl od 1. ledna 1952 „mzdové fondy" a letos v červnu zakázal zavádění nových premií — ale to nikterak neoslabilo dělnický nátlak na mistry a na ředitele, aby mzdy zvyšovali. Úderníci a novátoři nedokázali rozrazit dělnickou solidaritu. Dělníci se nedali koupit za „řády práce". Terorisování absentistů dělníky nezastrašilo — zkracují si pracovní týden na svou pěst dál.

To vše byla zatím jen obrana.

Teď nastává chvíle k protiútoku. Československá dělnická třída se chystá vydobýt si zpátky staré dělnické svobody:

● svobodu vyjednávat se zaměstnavatelskými složkami o pracovních podmínkách, o mzdách, o pracovní době atd. (a ne jen o neškodných maličkostech, jako je úprava šaten, kvalita jídla v kantině, vybílení dílen a podobně),

● svobodu volit si své vlastní zástupce od závodní rady až po vedení odborového svazu,

● svobodu od nucených prací všeho druhu,

● svobodu mluvit a psát o dělnických požadavcích a shromažďovat se k jejich projednávání.

K takovému útoku potřebuje dělnická třída pevnější základnu. Rozptýlený a mlčenlivý odpor jednotlivců nestačí. Dělnická třída potřebuje mít v odborové organisaci své vlastní mluvčí, důvěrníky a organisátory požadavkového boje. Nezačíná se přirozeně od střechy. Začíná se odzdola, začíná se od závodních a dílenských rad. Teprve potom, až tyto nejnižší složky budou pevně v rukou dělnictva, bude možno pomýšlet na to, aby u nás opravdu patřily

### ODBORY ODBORÁŘŮM!

Tento leták patří do rukou dělníkům. Dejte jej, můžete-li, svému známému, který pracuje v továrně, na dráze, v dolech nebo ve státní traktorové stanici.

Sestra úzkost / Jan Čep / Křesťanská akademie / 1975

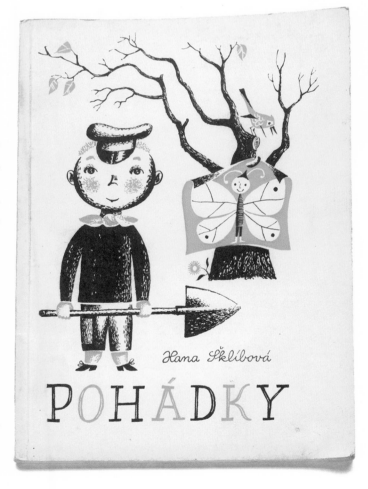

Pohádky / Hana Šklíbová / Sdružení československých politických uprchlíků v Německu / 1953

J. V. císař Spojených států a jiné povídky / Vladimír Štědrý / Sklizeň svobodné tvorby / 1956

Spolupracoval s exilovými časopisy a nakladatelstvími, je autorem grafických úprav, obálek a ilustrací řady titulů.

# RADIO FREE EUROPE

## DIVISION OF THE
## FREE EUROPE COMMITTEE INC.

### 7, RUE DE LA PAIX. PARIS (2ᵉ)

CABLE ADDRESS:    TÉL. RICHELIEU 91-53
RADUROPA    (3 LIGNES GROUPÉES)

Paris, le 30 Septembre, 1958.

Mr. Sasek
75, Rue Saint-Louis en l'Ile
PARIS 4e

Dear Mr. Sasek,

In response to your request for confirmation of the date of your resignation, we have received the following information from our Munich Head Office:

"Mr. Miroslav SASEK, born 18.11.16 in Prague, left the employment of Radio Free Europe in Munich with effective date of termination on 15 September, 1957. Mr. SASEK left Radio Free Europe at his own request in order to devote his full time to his career as a painter."

I trust that the above fulfils your requirements.

Yours sincerely

A. Ramsay
Acting Chief, Paris News Bureau

TRADUCTION:

En réponse à votre demande de confirmation de la date de votre démission de la Radio Free Europe, nous avons reçu l'information suivante de notre bureau central de Munich:

"Mr. Miroslav SASEK, né le 18 Novembre 1916 à Prague, a quitté son emploi de la Radio Free Europe à Munich à la date du 15 Septembre, 1957.

. . . . .

Bruggy / malba na plátně / 1957 / 80 x 60

Potvrzení o ukončení zaměstnání Miroslava Šaška v RFE

V roce 1955 nebo 1956 se Šaškovi rozvedli. Miroslav krátce bydlel u Ladislava Čerycha v Bruggách a zaměstnání ve Svobodné Evropě ukončil.

Pohlednice z Paříže

V roce 1957 se vrátil do Paříže a k přerušené práci
na ilustrovaném průvodci městem pro děti: „*Chtěl jsem
nakreslit Paříž jednou docela jinak… Paříž takovou, jaká
skutečně je. Jakou jsem ji viděl, když jsem tam poprvé přišel,
a jak ji vidím i teď. Já mám tu věc už dlouho v hlavě…*"
napsal své spolupracovnici z RFE Haně Šklíbové.[8]

8 — Šklíbová, H., *In memoriam M. Šašek.* Nedatovaný přepis vysílání RFE
obsahující úryvky z korespondence s M. Š. Text je uložen v pozůstalosti
M. Šaška.

V Mnichově měl v tomto roce výstavu obrazů.
Zahajovala provoz instituce Haus der Begegnung
(Dům setkání), která měla sloužit ke kontaktu
uprchlíků ze zemí za železnou oponou a místních
obyvatel. Na slavnostní otevření ale Šašek z Paříže
nepřijel, neměl peníze na cestu. [9]

9 — W. S., *Ein Maler aus Prag*, Die Brücke, 24. 10. 1964.

September – Oktober 1957

**Erste Kunstausstellung im**
**HAUS DER BEGEGNUNG**
München-Bogenhausen
Rauchstr. 22, Ecke Lamontstr.

## VERZEICHNIS DER AUSGESTELLTEN BILDER

1. Venedig – San Giorgio
2. Vor dem Start
3. Paris – Lyon
4. Hradschin
5. Fischerhafen
6. St. Tropez
7. Fisch – blau
8. Amsterdam
9. Veteranen
10. Anneke

*Münchner Motiv*

21 obrazů Miroslava Šaška / katalog k výstavě / 1957

Paní s buldokem / malba na plátně / 1957 / 100 x 70

## Z nejnovějších prací exilového malíře M. Šaška

*Začátkem tohoto září bude v Mnichově (Rauchstr. 22, roh Lamondstr.) slavnostně otevřen „Dům setkání", který má sloužit styku uprchlíků ze zemí za železnou oponou s místním obyvatelstvem a s příslušníky spřátelených západních národů. Tato nová instituce, vyvolaná v život zásluhou Free Europe Citizen Service, je úředně zanesena jako samostatný spolek, jehož předsedou je mnichovský městský rada pro školní a kulturní věci dr. Fingerle. — V „Domě setkání" se budou pořádat pracovní schůzky, konference, přednášky, koncerty a umělecké výstavy. První z těchto výstav ukazuje nejnovější práce českého malíře Miroslava Šaška. Reprodukujeme z ní olej „Hradčany".*

České slovo, 8. 9. 1957

Oprava sítí / malba na plátně / 1957 / 80 x 120

Ryba / malba na plátně / 1959 / 18 x 24

Hošíček s obručí / malba na plátně / cca 1959 / 60 x 50

Paříž / malba na plátně / 1959 / 60 x 100

M. Sasek

PARIS

Kindler

# 1959 Paříž

*„Paříž je v listopadu smutná, nebe tmavošedé, turisti pryč, jsme sami mezi sebou, proto asi člověk tady trudnomyslní. Mám pár mlhavých plánů, jenomže nevím, co bych z toho mohl opravdu dovést k nějakému zdárnému konci…"*[10]

10 — Šklíbová, H., *In memoriam M. Šašek.* Nedatovaný přepis vysílání RFE obsahující úryvky z korespondence s M. Š. Text je uložen v pozůstalosti M. Šaška.

Kniha This is Paris vyšla v roce 1959 v nakladatelství W. H. Allen a zahájila putování Šaškových knižních průvodců světem. Poprvé se v ní objevily typické obrázky na předsádkách: na jedné je malíř, který vchází dovnitř knihy v civilním oblečení, na druhé z ní odchází tak, jak jej město proměnilo.

Tohle je Opičí ráj v zoologické zahradě.

Tady, na bleším trhu, si můžete koupit, co vás napadne
— od trumpety nebo periskopu až po africký oštěp.

Fifi jde zrovna od kadeřníka.

M. Sasek

# This is London

W·H·ALLEN

# 1959 Londýn

*„Děsné bylo i kreslení. Vy víte, že Šašek kreslí přesně. Počítám schody, spáry mezi kvádry zdí, pálené cihly. Když jsem si konečně vydobyl stanoviště, například na balkóně kancelářské budovy, a chtěl začít, nebyl už protějšek vidět – mlha. Fog. Všechno bylo foggy – a já byl groggy."* [11]

11 — Chri, *Rom brennt im Fernsehen*, Münchener Abendzeitung, 3. 9. 1956.

Obálka druhého anglického vydání To je Londýn

Skica pro knihu To je Londýn

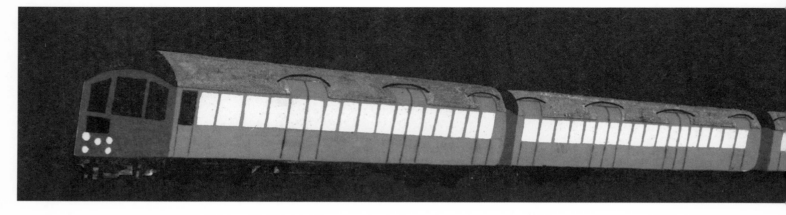

Vlak

Metro denně přepraví asi tři miliony cestujících.

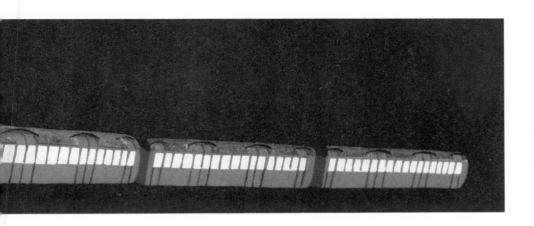

Jízdenku nevyhazujte.

Při odchodu ji budete muset odevzdat.

M. Sasek

This
is
Rome

# 1960 Řím

*„Vstávám ráno v půl sedmé a dělám do tmy, to je do půl páté. Ono se to*
*nedá jinak dělat. To, co jsem zatím udělal, se mi nezdá povedené. [...]*
*Nejhorší je, když tam člověk přijde a začne počítat sloupy a římsičky, to*
*se o mě přímo pokouší závrať. Je to všecko moc práce, tuze moc práce.*
*A nemohu se zbavit pocitu, že to tentokrát nedodělám...*"[12]

12 — Šklíbová, H., *In memoriam M. Šašek*. Nedatovaný přepis vysílání RFE obsahující
úryvky z korespondence s M. Š. Text je uložen v pozůstalosti M. Šaška.

Původní předloha pro obálku To je Řím

# A teď se pojďme podívat, jak vypadá Řím dnes.

Je to město vavřínových věnců a fontán, které si tryskají pod jasným modrým nebem. Řím — někdejší hlavní město Římské říše, dnes hlavní město Itálie a střed katolického světa — je „věčné město", kde si starý svět podává ruku s novým.

Římské tramvaje,
autobusy a trolejbusy.

Římský taxík —

a římské metro.

Do parku se ovšem hodí jiný dopravní prostředek — oslík.

Španělské schody / malba na plátně / 1962 / 100 x 136

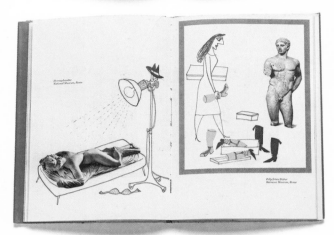

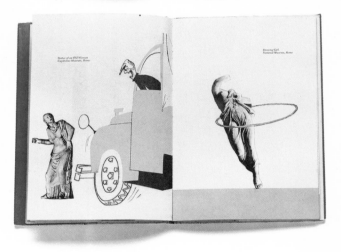

Z Říma si Šašek dovezl fotografie antických soch a zpracoval je po svém. Knížka Stone Is Not Cold (Kámen není chladný) vyšla v roce 1961 v New Yorku.[13] *„Discobolos se chystá srazit všech devět kuželek, Cicero hovoří o povinnostech do rozhlasu, kluci Remolus a Romus utekli římské vlčici a přirozeně Mojžíš jede na motocyklu do Israele. [...] Šašek mně řekl: ,Řekni sama, dělal jsem si legraci? Lidi si myslej, že si ze všeho dělám… víš co? Ale ono to není pravda, ono to opravdu takové je… a všecko se opakuje.'"* [14]

---

13 — Chri, *Rom brennt im Fernsehen*,
Münchener Abendzeitung, 3. 9. 1956.

14 — Šklíbová, H., nedatovaný rukopis.
Text je uložen v Památníku národního písemnictví.

„*Původně jsem chtěl udělat sérii tří knih. Paříž, Řím a Londýn.
Nikdy jsem nepomyslel na to, že by pokračovala dál a dál…*"[15]

———

15 — Hopkins, L. B., *Books are by People: Interviews with 104 Authors and
Illustrators of Books for Young Children*. New York: Macmillan Publishing
Company, 1969.

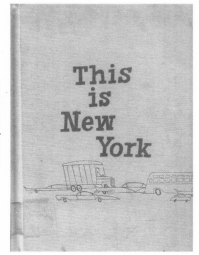

# 1960 New York

„*Přijedu na nějaké místo, jako třeba do New Yorku, kde jsem v životě nebyl. Začnu tím, že se chodím dívat na věci, o kterých jsem slyšel nebo o kterých jsem četl – památníky, orientační bod, konkrétní zajímavá místa. Jedna věc mě vede ke druhé, dokud knížka není dokončená. Všechno, co ve skutečnosti dělám, je to, že běžím někam z hotelu a potom zpátky do hotelu.*"[16]

16 — Hopkins, L. B., *Books are by People: Interviews with 104 Authors and Illustrators of Books for Young Children*. New York: Macmillan Publishing Company, 1969.

německy

v jidiš

španělsky

česky a slovensky

maďarsky

# 1961 **Edinburgh**

*„Leje, a i když neprší – prozatím se to stalo jen dvakrát – je strašlivá
zima. Chodím ve dvou svetrech, saku a pršáku. Zebou ruce i nohy
a večer mám v posteli flašku s horkou vodou, ale ráno když lezu ven, to
si nepřej… Práce jde jako obyčejně špatně a pomalu, ale kdybych neměl
co dělat, nevěděl bych, co si tady mám počít. Chcíp tady skotskej pes.
Neděle jsou nepředstavitelné. Nedostaneš ani cigaretu.
Všecko, absolutně všecko je zavřené…"*[17]

---

17 — Šklíbová, H., *In memoriam M. Šašek*. Nedatovaný přepis vysílání RFE
obsahující úryvky z korespondence s M. Š. Text je uložen v pozůstalosti M. Šaška.

# 1961 **Benátky**

*„Jako obyčejně je tam takový souhrn všeho, co je zajímavé. Náměstí
svatého Marka, holubi a dóžecí palác, prodavači korálů a pohlednic.
Tady máš gondoliéry, gondoly se svatebčany a pohřeb na gondole, tady
jsou uličky a kanály města, tady je takový typický benátský policista…
A tady je bučintoró, to je ta loď, kterou vyjížděli každoročně na moře,
aby slavili svatbu Benátek s mořem. Osmdesát kreseb, jako vždy."*[18]

---

18 — *U portrétisty velkoměst*. Rozhovor Františka Tomáše
s Miroslavem Šaškem. České slovo, 2. 1. 1961.

Fotografie Wernera Roelena k článku Der Kolumbus mit Marderpinsel, Das Schönste, září 1961

# 1961 **Mnichov**

*„Proč jezdím tak často do Mnichova? To je jako kdyby*
*ses zeptal, proč jezdím tak často do Londýna. Samozřejmě,*
*že tam jezdím kvůli mlze. A do Mnichova jezdím kvůli föhnu."* [19]

———

19 — *U portrétisty velkoměst*. Rozhovor Františka Tomáše
s Miroslavem Šaškem. České slovo, 2. 1. 1961.

Ve skutečnosti měl Šašek v Mnichově řadu přátel z doby, kdy působil v rádiu Svobodná Evropa, a přibývali k nim další. *„Okamžitě si mě získal svou otevřeností, přímostí, smyslem pro humor, svým šarmem, kterému ostatně podlehl každý, kdo s ním přišel do styku,"* vzpomíná jeho spolupracovník Lubomír Kaválek. [20] Miloši Havlovi Šašek pomáhal s výtvarným řešením jeho restaurace Zur Stadt Prag v mnichovské Schellingstrasse. [21] S redakcí RFE v šedesátých letech spolupracoval externě — psal a namlouval fejetony.

---

20 — Kaválek, L., *This is Šašek*, České slovo, květen 1990.

21 — Wanatowiczová, K.: *Miloš Havel, český filmový magnát*. Praha: Knihovna Václava Havla, 2013.

V únoru roku 1961 se Šašek v Mnichově oženil
s Annou Molkovou, rozenou Kuttnerovou, která
v rádiu Svobodná Evropa pracovala pod jménem
Anka Dušanová jako hlasatelka. Anka a její
syn Pedro Dušan se na necelých deset let
pro Miroslava Šaška stali rodinou, k níž se
ze svých cest po světě vracel.

foto V. M. Hankse, Jr. / San Francisco / asi 1962

# 1962 San Francisco

*„Ale pan Šašek chtěl víc než to, čemu říká ‚jenom pohlednice'.*
*Hledal zejména místa, která by znovu oživila období Zlaté horečky.*
*‚To musím mít,' prohlásil. ‚Ještě před sto lety toto město vůbec*
*nebylo — a pak je najednou jedno z nejkrásnějších na celém světě.*
*Ale kde najdu v San Franciscu Zlatou horečku?'"*[22]

22 — Dorn, N. K., : *But Where Do You Find the Gold Rush,*
San Francisco Sunday Chronicle, 16. 4. 1961.

# 1962 Izrael

*„Když jsem pracoval na This is Israel, lidé se celé hodiny smáli tomu, jak jsem maloval nápisy. Nemohli pochopit, jaktože jsem je psal zleva doprava, ačkoli oni čtou i píší zprava doleva!"*[23]

---

23 — Hopkins, L. B., *Books are by People: Interviews with 104 Authors and Illustrators of Books for Young Children.* New York: Macmillan Publishing Company, 1969.

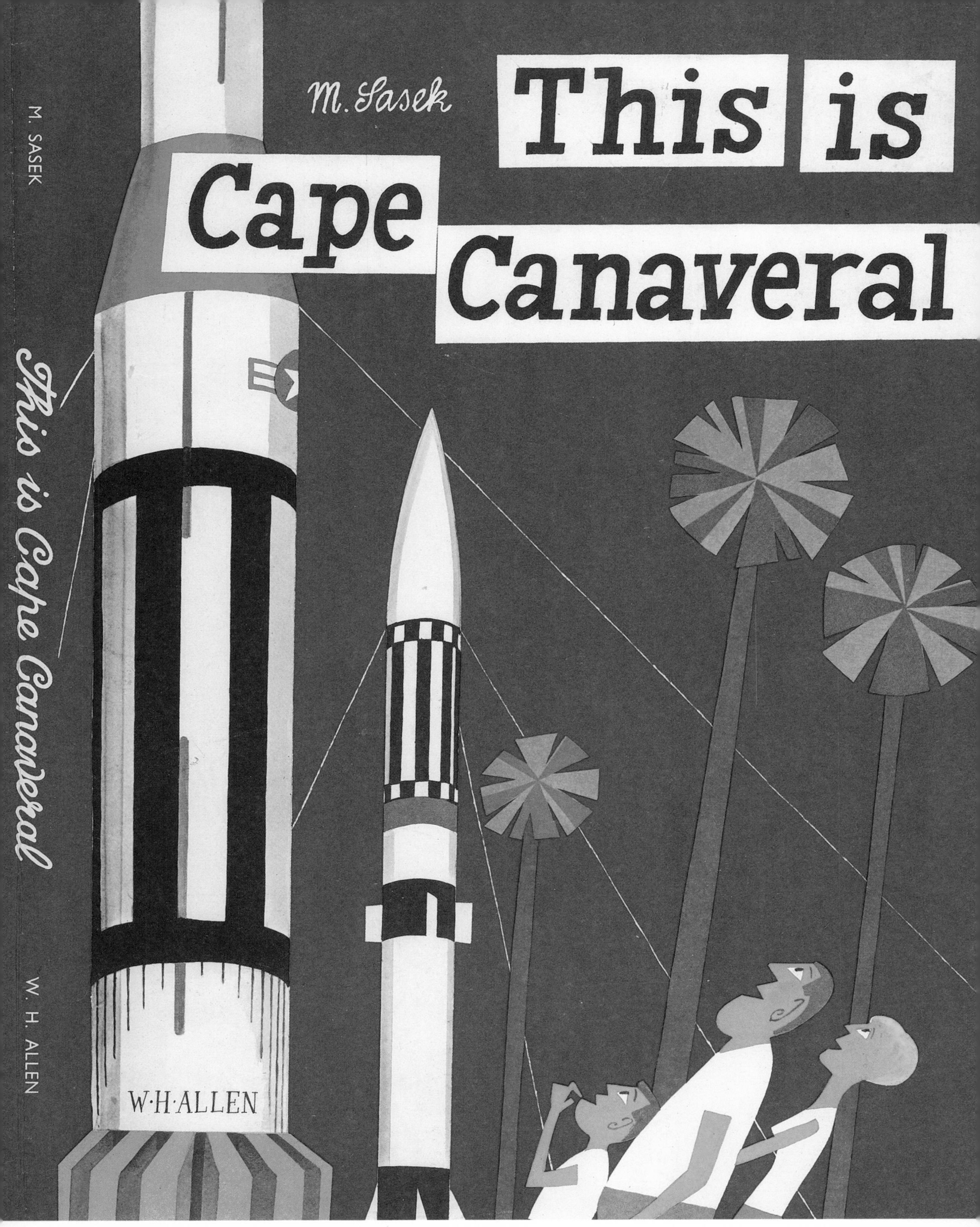
M. Sasek
This is
Cape
Canaveral
W·H·ALLEN
M. SASEK
This is Cape Canaveral
W. H. ALLEN

# 1963 Mys Canaveral

*„Můj syn se mi díval do skicáku a bez jediného slova nápovědy poznal, že toto je raketa Apollo a tohle je odpalovací rampa a tamto… nemohl jsem tomu věřit! Dnešní děti mi občas přijdou neuvěřitelné. Když jsem byl mladší, nikdo necestoval. A to je důvod, proč i ten nejjednodušší detail je nejdůležitější."*[24]

24 — Hopkins, L. B., *Books are by People: Interviews with 104 Authors and Illustrators of Books for Young Children*. New York: Macmillan Publishing Company, 1969.

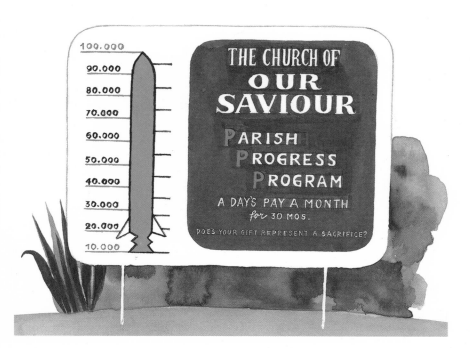

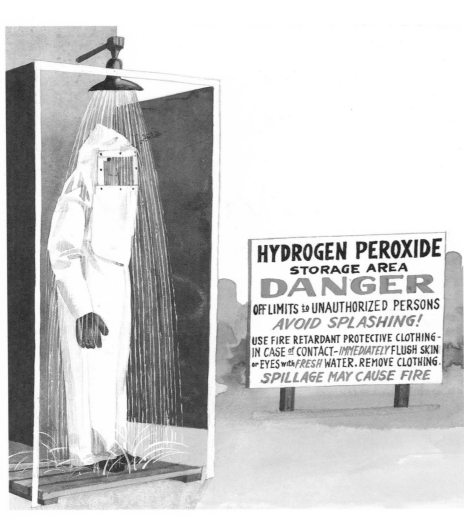

M. Sasek

# This is

香港

# Hong Kong

W·H·ALLEN

# 1964 Irsko

*„Irové jsou snílci... sní, a po týdnech tady jsem teď asi taky snílek..."*[25]

# 1965 Hongkong

*„Čínská ulice je opravdu složitá záležitost na kreslení. Je to, řekl bych, prales, červeno-bílo-černých nápisů, reklamních firem, a musí to člověk kreslit tak, jak to tam je, protože je tam přes tři a půl milionů Číňanů, ty knížky budou v obchodech s knihami, a ta čínština musí být pravá, protože ti lidi to budou číst. Tak jsem si nemohl dovolit, abych tam dělal jenom nějaké klikyháky, jak ta čínština vypadá. Nechal jsem si to prakticky vždycky korigovat Číňanem, abych se nedopustil nějaké chyby, abych místo měkkého 'i' nenakreslil tvrdý."*[26]

---

25 — *Czech Artist Adds Ireland to „This is" Books*, Irish Independent, 22. 6. 1963.

26 — Rozhovor s Miroslavem Šaškem, zvukový archiv RFE, Československé dokumentační středisko Praha.

Leták nakladatelství Casterma /1964

Dvoustrana v knize To je Hongkong

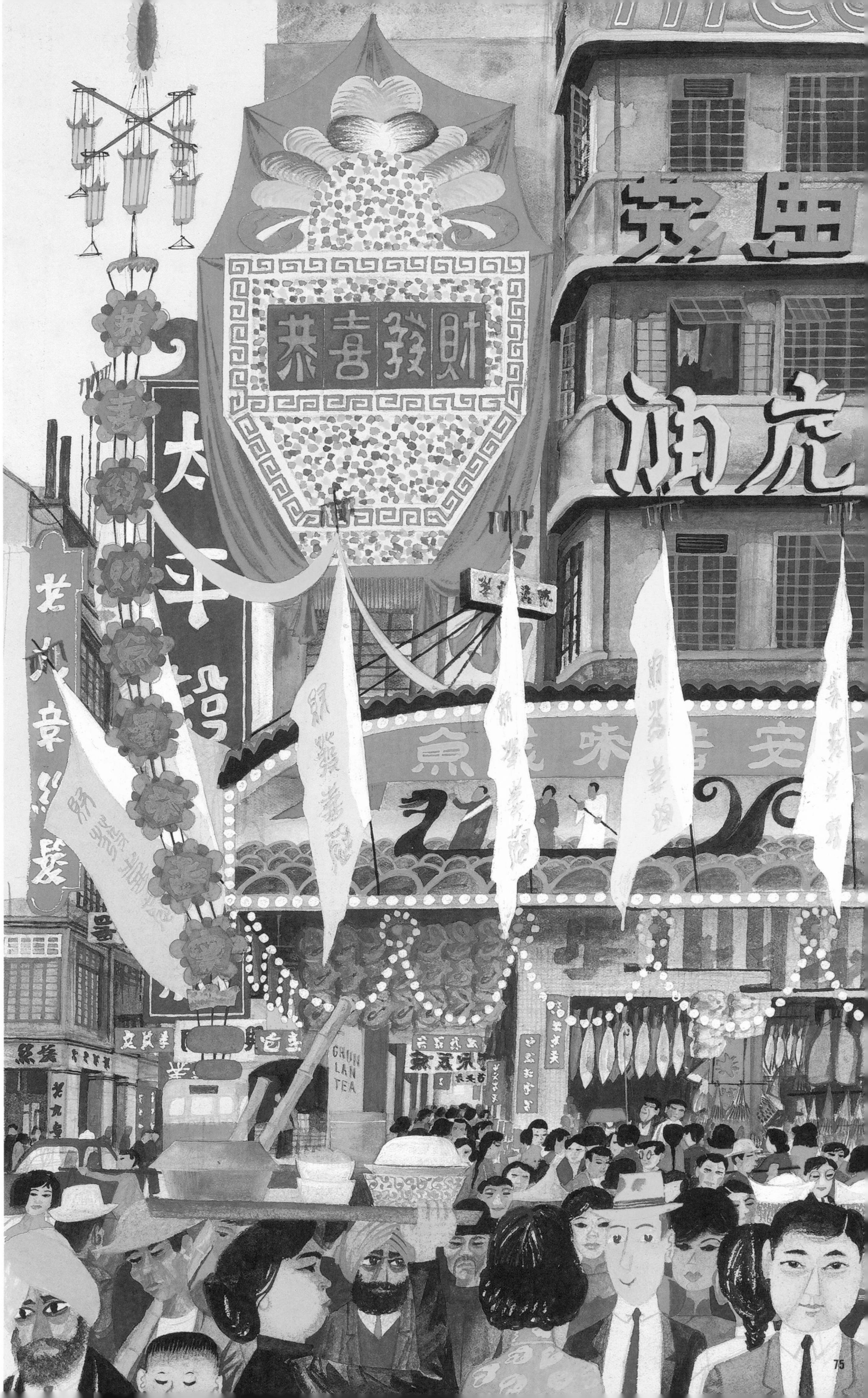


Dvoustrana v knize To je Hongkong

Hohgkong / malba na plátně / 1975 / 103 x 138

MS 75

# 1966 Řecko

*„Pan Šašek odolává tlaku navštívit Texas („za pár týdnů bych tam umřel vedrem') a z téhož důvodu odmítá Řecko,"* píše Irish Independent v červenci 1963. [27] Nakonec ale podlehl, protože This is Greece vyšlo v roce 1966 a This is Texas o rok později.

# 1967 Texas

*„Během práce na This is Texas jsem najezdil v autobuse 3000 mil, abych viděl všechno, co jsem vidět měl!"* [28]

---

27 — *Czech Artist Adds Ireland to „This is" Books*, Irish Independent, 22. 6. 1963.

28 — Hopkins, L. B., *Books are by People: Interviews with 104 Authors and Illustrators of Books for Young Children*. New York: Macmillan Publishing Company, 1969.

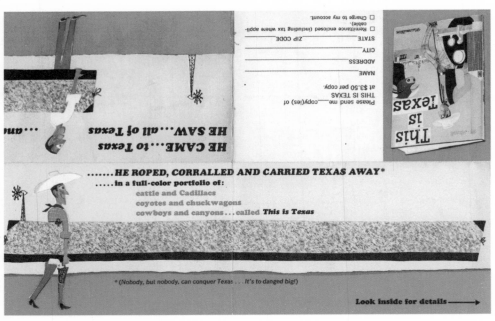

Na předcházející dvoustraně: Hongkong / malba na plátně / 1975 / 73 x 104

Leták nakladatelství Macmillan

**WELL, HERE'S A BOOK THAT BRAGS FOR TEXANS!**

# 1968 OSN

V textu Anny Kubišty pro zahraniční vysílání Českého rozhlasu říká francouzský režisér Harold Manning: „*Je to téma, které je pro Šaška jako dělané. Je to New York, kde se v jedné budově nalézá celý svět. Kde jsou dámy v sárí, pánové v afrických kostýmech. Je to univerzalismus. To, co na vás u Šaška zapůsobí: za úžasnou grafickou kvalitou a jedinečností je jeho vzkaz. Říká dětem: ‚Máte tu své místo, běžte, je to na vás.'*"[29]

# 1969 Washington, D.C.

„*Bylo to jako pokračující noční můra. Horší než v Berlíně v roce 1945! Zvlášť hrozné bylo být svědkem pouličních bouří. Jednoho dne jsem kreslil hrob J. F. Kennedyho, když mi strážný řekl, že musím odejít; o chvíli později přijela nákladní auta s posádkou, aby vykopali hrob Roberta F. Kennedyho. Nemohl jsem uvěřit těm tragediím, jedné za druhou.*"[30]

29 — Kubišta, A., *La magie des dessins de Miroslav Šašek revit enfin après des décennies dans l'oubli.* Zahraniční vysílání Českého rozhlasu, 2. 5. 2010.

30 — Hopkins, L. B., *Books are by People: Interviews with 104 Authors and Illustrators of Books for Young Children.* New York: Macmillan Publishing Company, 1969.

# 1970 Austrálie

Ještě Harold Manning: „*Ale knihy, které udělal na konci své kariéry, jsou knihy na objednávku. Když ho žádali, aby udělal knihu o Austrálii, říkali si: ,Šašek v Austrálii? Jaká nuda! Chudák… bude muset letět letadlem, kreslit koaly, to není vůbec pro něho.*'"[31]

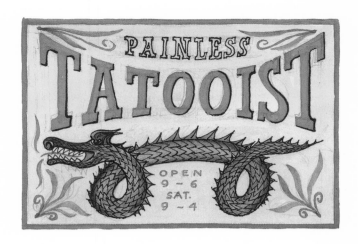

31 — Kubišta, A., *La magie des dessins de Miroslav Šašek revit enfin après des décennies dans l'oubli.* Zahraniční vysílání Českého rozhlasu, 2. 5. 2010.

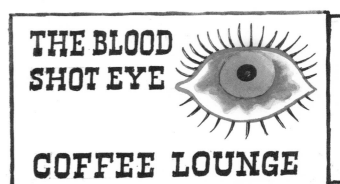

THE BLOOD SHOT EYE COFFEE LOUNGE

Dnes se tu koule netahají na řetězech přikovaných k noze.
Někteří je kutálejí po bowlingovém trávníku…

…jiní po kulečníkovém stole.

Mezi sportovci si výjimečnou úctu vysloužili záchranáři. Nebýt jich, mnozí potápěči by se už z mořských vod nevynořili. Australské břehy hlídá přibližně 37 tisíc dobrovolníků — vynikajících plavců a veslařů.

Australská pobřeží lemují tisíce kilometrů pláží. Nejslavnější z nich jsou v Queenslandu.

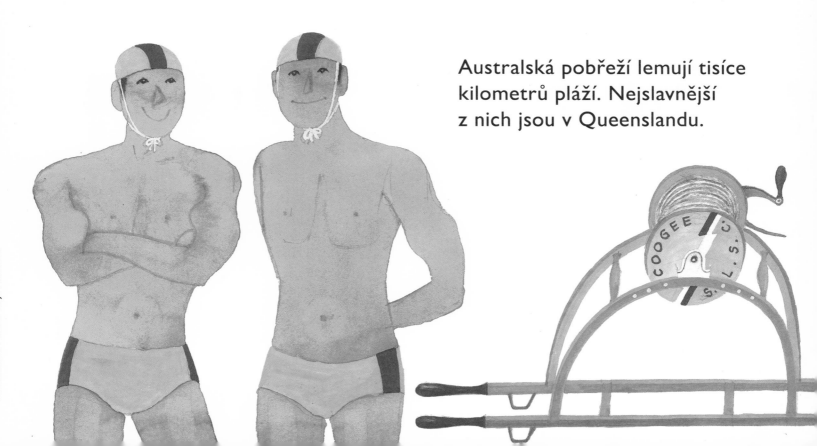

Park v Adelaide / malba na plátně / 1976 / 73 x 133

# 1970 Mike and the Modelmakers

Další kniha vznikla na objednávku výrobce „angličáků" — firmy Matchbox.
Je v podobném duchu jako knihy ze série This is.

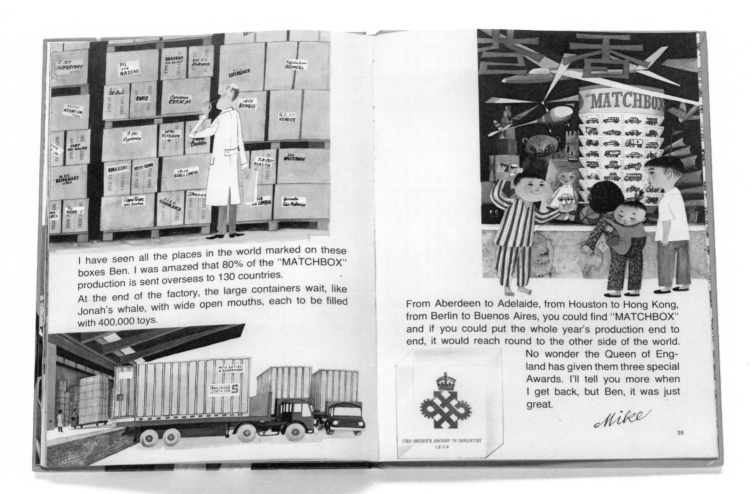

I have seen all the places in the world marked on these boxes Ben. I was amazed that 80% of the "MATCHBOX" production is sent overseas to 130 countries.

At the end of the factory, the large containers wait, like Jonah's whale, with wide open mouths, each to be filled with 400,000 toys.

From Aberdeen to Adelaide, from Houston to Hong Kong, from Berlin to Buenos Aires, you could find "MATCHBOX" and if you could put the whole year's production end to end, it would reach round to the other side of the world.

No wonder the Queen of England has given them three special Awards. I'll tell you more when I get back, but Ben, it was just great.

*Mike*

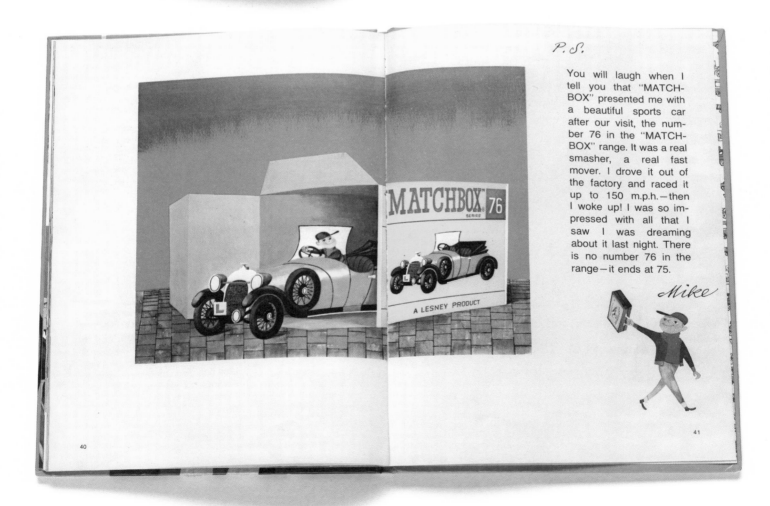

P.S.

You will laugh when I tell you that "MATCH-BOX" presented me with a beautiful sports car after our visit, the number 76 in the "MATCH-BOX" range. It was a real smasher, a real fast mover. I drove it out of the factory and raced it up to 150 m.p.h.—then I woke up! I was so impressed with all that I saw I was dreaming about it last night. There is no number 76 in the range—it ends at 75.

*Mike*

V roce 1971 se s Miroslavem Šaškem rozvedla jeho druhá
manželka Anna. Nezůstal sám, ale víckrát už se neoženil.

San Francisco / malba na plátně / 1973 / 52 x 71

Yorská katedrála / malba na plátně / 1973 / 52 x 71

## 1974
# Historická
# Británie

je poslední z Šaškových
průvodců This is…

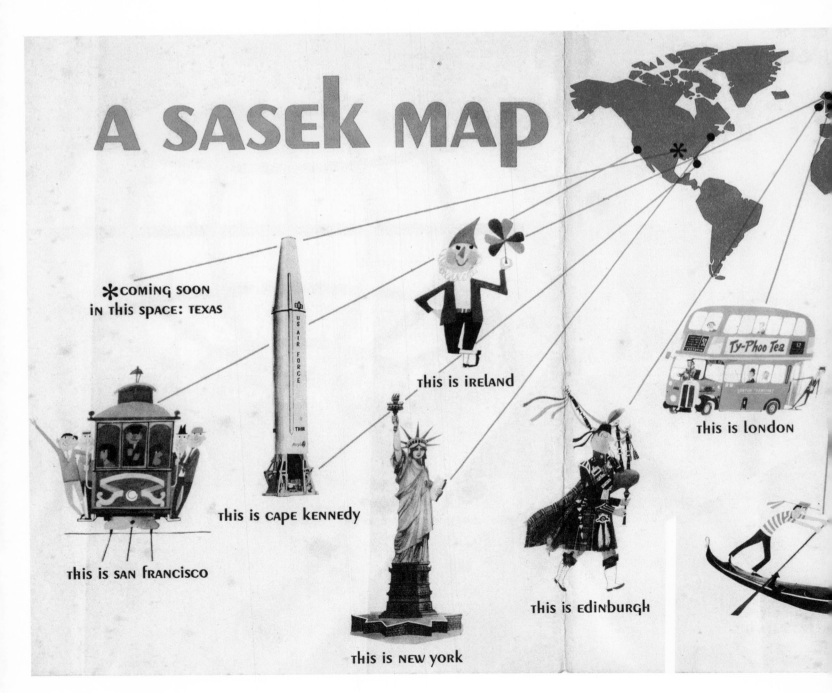

# A SASEK MAP

*COMING SOON
IN THIS SPACE: TEXAS

this is san francisco

this is cape kennedy

this is new york

this is ireland

this is edinburgh

this is london

Plány na knihu o Stockholmu, Kodani, Amsterdamu, Vídni, Dillí, Bombaji, Tokiu, Quebeku nebo Rio de Janeiru se neuskutečnily. Ilustrovaných průvodců „pro děti od osmi do osmdesáti let" bylo nakonec osmnáct: Vycházely v angličtině, němčině, francouzštině, italštině, španělštině, japonštině, korejštině, finštině… – *a bůhví v kolika jazycích ještě*", jak končí všechny zprávy o jejich překladech. Jenom v Československu a dalších zemích východního bloku vyjít nesměly: Miroslav Šašek tu byl jako emigrant a spolupracovník „štvavé vysílačky" rádia Svobodná Evropa nežádoucím autorem.

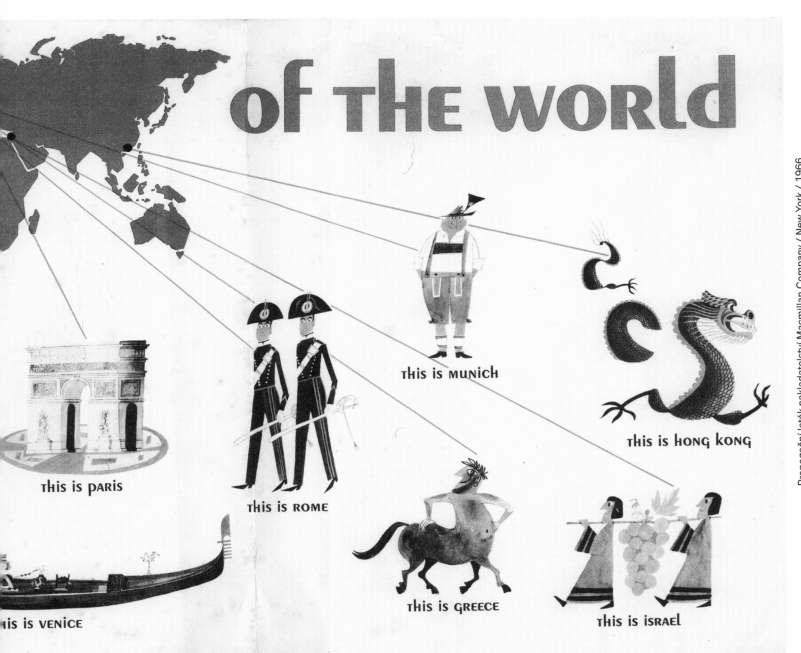

of the world

this is paris

this is rome

this is venice

this is munich

this is greece

this is israel

this is hong kong

Propagační leták nakladatelství Macmillan Company / New York / 1966

Knihy To je New York se prodávalo 600 kusů denně…

## The Best of the Pictures

"WHAT is the use of a book," asked Alice, "without pictures?" Precious little, obviously, for since Alice first uttered that observation in Wonderland, picture books for children have become more and more lavish and the illustration itself a highly developed art. Some children's books, in fact, have gone so far that the question today might be, "What is the use of a book without words?" The illustrations on these pages are from the ten juvenile books judged the best illustrated of 1960. As such they may be enjoyed for themselves or viewed as mirrors of the minds of children. The panel making the choice included Victor D'Amico, Director of Education, Museum of Modern Art; Catherine Crask, Librarian of the Junior Museum, Metropolitan Museum of Art; Aline Saarinen, an art critic and author. In reach-

ing their verdict, they considered 150 books, screened from 1,500, in the Book Review's ninth annual selection.

The ten were named in the following order:

1. M. Sasek ("This Is New York").
2. Nicolas Sidjakov ("Baboushka and the Three Kings").
3. Juliet Kepes ("Two Little Birds and Three").
4. Jane Miller ("Scrappy the Pup").
5. Bruno Munari ("A B C").
6. Devorah Boxer ("26 Ways to Be Somebody Else").
7. André François ("The Adventures of Ulysses").
8. Isabel Gordon ("The Shadow Book").
9. Maurice Sendak ("Open House for Butterflies").
10. Leo Lionni ("Inch by Inch").

Fotografie V. M. Hankse, Jr. / San Francisco / asi 1962

… v San Francisku dostal Miroslav Šašek klíč od města…

… podle čtyř jeho knih byly natočeny
krátké filmy, motivy z nich se objevily
na pohlednicích, v průvodcích,
propagačních materiálech, a dokonce
i na utěrkách…

# NEWS

# JUNIOR BOOK AWARDS
# Boys' Clubs of America

from:

Iris Vinton Director,
Publications Service
Boys' Clubs of America
381 Fourth Avenue
New York 16 N Y
771 First Ave.
New York 17
N. Y.

April 28, 1961
Release at will

New York Times Choice of Best Illustrated Books
of the Year, 1959 for This is London.

New York Times Choice of Best Illustrated Books
of the Year, 1960 for This is New York.

Annual National Exhibition, New York, 1960

Award for Excellence, Society of Illustrators, 1960

Boys' Clubs of America Junior Book Award, 1961
for This is New York.

The Leyton Prize, London, 1961.

Best book of the year for Loisirs Jeunes, 1962 and 1965

International Board on Books for Young People (IBBY)
Honor List 1979 for This is the United Nations.

… dostal řadu cen, třeba od American Boys' Clubs…

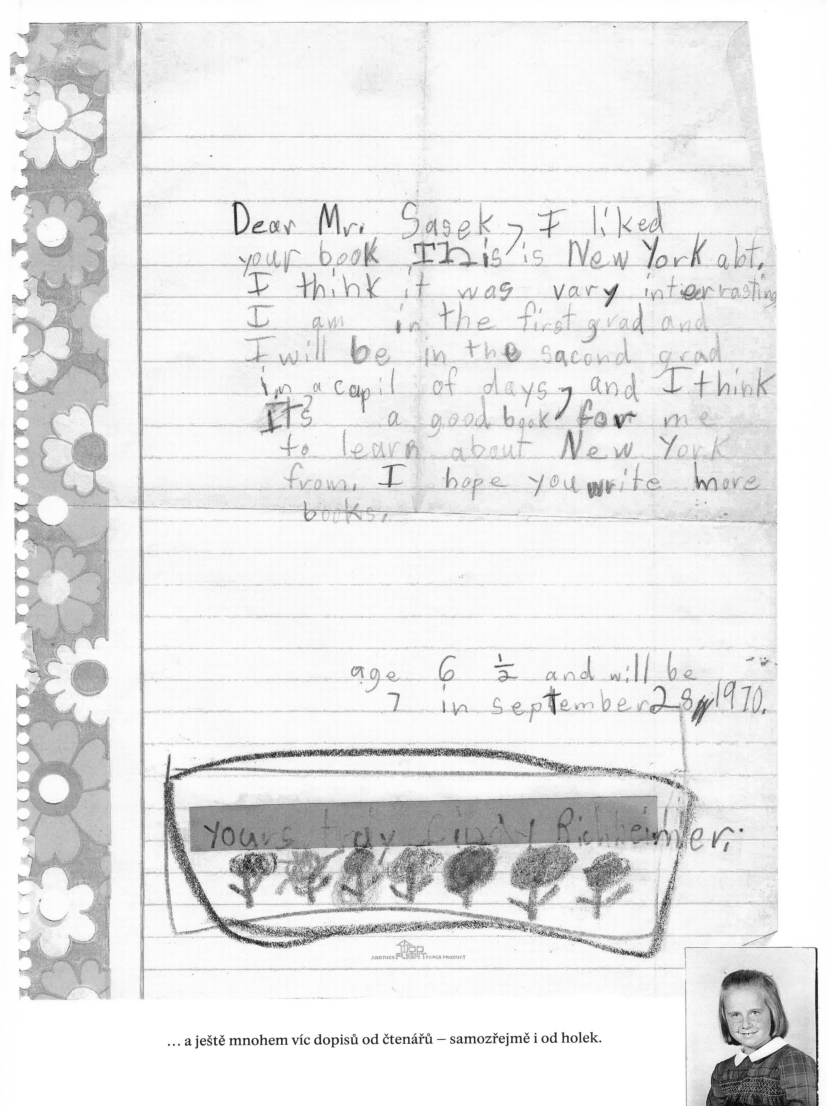

Dear Mr. Sasek, I liked
your book This is New York abt.
I think it was vary intierrasting
I am in the first grad and
I will be in the sacond grad
in a capil of days, and I think
It's a good book for me
to learn about New York
from. I hope you write more
books.

age 6 ½ and will be
7 in september 28 1970.

Yours truly Cindy Richheimer.

… a ještě mnohem víc dopisů od čtenářů – samozřejmě i od holek.

Vedle vlastních knih Miroslav Šašek
ilustroval několik dalších titulů, třeba
knihu Letters from Pompei, kterou
napsala archeoložka Wilhelmina Feemster
Jashemski, nebo Zoo ist das Leben
od textaře Maxe Colpeta…

THE EAST RIVER
SAVINGS BANK
Cordially Invites You
To See

## THIS IS
## NEW YORK

an exhibition of
original paintings by

**M. SASEK**

author-painter of the book
**This Is New York**

published by
The Macmillan Company

on view at East River Savings
Bank window galleries
Rockefeller Plaza at 50th St.
during the month of March

**Showcase Displays:**
26 Cortlandt St.
41 Rockefeller Plaza
110 William St.
60 Spring St.
743 Amsterdam Ave.

N.Y.
CITY

… a hlavně celý život maloval. Výstavy měl například
v New Yorku, švýcarské Asconě a Mnichově.

Jeho obrazy jsou dnes roztroušené po celém světě
a zdokumentované jen částečně. Některé známe jen z fotografií…

… o některých víme, že visí v pokojích Šaškovy rodiny a jeho přátel.

Miroslav Šašek zemřel 28. května 1980 ve Švýcarsku,
u své sestry Věry Šídové a jejího manžela Jaroslava.
V posledních dnech se o něj starali spolu s Šaškovou
přítelkyní Mariko Koizumi.

*„Žádné truchlořečení! Víš přeci, jak rád chodím na funusy. Ani na vlastní nepůjdu, tam mě budou muset donýst.“*[32]

---

32 — Kubišta A., *La magie des dessins de Miroslav Šašek revit enfin après des décennies dans l'oubli.* Zahraniční vysílání Českého rozhlasu, 2. 5. 2010.

4. června 1980

Milí přátelé,

byli jsme zdrceni zprávou o Mirkovi. Dozvěděli jsme se o jeho onemocnění teprve nedávno, udělali jsme chabý pokus o to, aby se zde v Paříži nechal vyšetřit, ale on odmítal. Stále jsme doufali, že si jen něco namlouvá.

Mirek byl jeden z našich nejstarších přátel, od roku 1948 jsme společně prožívali mnoho hezkých i smutných věcí.

Moc Vám tiskneme ruku a jsme s Vámi.

Vaši

Ivana + Pavel Tigrid

Kondolenční dopis od manželů Tigridových

V osmdesátých a devadesátých letech minulého století Šaškovy knihy
nevycházely, až po roce 2000 se k nim nakladatelé vrátili. Celá řada This is…
vyšla znovu v angličtině, většina z průvodců i ve francouzštině a němčině.
V roce 2013 se první dva z nich – o Paříži a Londýně – konečně podařilo
vydat i v češtině a v dalších jazycích, do nichž dosud přeloženy nebyly:
slovenštině, polštině a ruštině. V roce 2014 vycházejí česky a slovensky
To je Řím a To je Austrálie.

V zimě 2012 vyšel v Čechách první obsáhlejší text o Miroslavu Šaškovi
v Revolver Revue,[33] později jeho životu a dílu věnovaly článek
a rozhovor také časopisy Živel[34] nebo Art+Antiques. [35]

Po komorní výstavě Šaškových obrazů a ilustrací na festivalu Tabook
v Táboře na podzim 2012 následovala velká výstava v Moskvě a Nižním
Novgorodě v létě 2013. Reprodukce z This is London byly od března
do října téhož roku vystaveny na Tower Bridge.

*„Snad jednou, musíme doufat, zaplní* [Šaškova díla] *výstavní síň v Praze.“*[36]

**Olga Černá**

---

33 — Šklíbová, H., *In memoriam M. Šašek.* Nedatovaný přepis vysílání RFE
obsahující úryvky z korespondence s M. Š. Text je uložen v pozůstalosti M. Šaška.

34 — Černá, O., *Miroslav Šašek*, Revolver Revue č. 89, 2012.

35 — Ryška, P., Šrámek, J., *M. SASEK se vrací domů*, Živel č. 37, 2013.

36 — Svobodová, B., *To je Šašek*, Art+Antiques č. 2, 2014.

# Miroslav Šašek

Nejkrásnější pohádka Kašpárka Vojty Mertena / Vojta Merten Kašpárek / Hejda & Zbroj / 1944

# Miroslav Šašek

se v šedesátých a sedmdesátých letech ve světě proslavil sérií
knížek pro děti, v nichž dokázal propojit věcně informativní
zprávu, především o architektuře konkrétních měst a zemí,
s výtvarným výrazem poučeným moderní malbou a karikující
nadsázkou.

První kniha ze série This is… pojednávala o Paříži a vyšla
v roce 1959; ještě v témže roce následoval průvodce Londýnem
a po něm řada šestnácti dalších titulů, věnovaných Římu a New
Yorku (1960), Edinburghu, Mnichovu a Benátkám (v roce 1961),
San Franciscu a státu Izrael (1962), kosmodromu na mysu
Canaveral (1963), Irsku (1964), Hongkongu (1965), Řecku
(1966), Texasu (1967), Organizaci spojených národů (1968),
městu Washington (1969), Austrálii (1970) a v posledním
svazku dějinám Velké Británie (1974).

Knihy vycházely ve statisícových nákladech a v mnoha
jazykových mutacích. Miroslav Šašek se stával bez nadsázky
světovým autorem, ale z oficiální české kultury byl – jako
emigrant a bývalý hlasatel Svobodné Evropy – vyloučen. Ještě
na konci čtyřicátých let jej Prokop Toman stručným heslem
zmínil v Novém slovníku československých výtvarných umělců,
ale když o čtvrt století později František Holešovský vyznačoval
vývojovou linii moderní české ilustrace v dětských knihách,[1]
Miroslav Šašek v ní z politických důvodů chyběl.

Dnes není obtížné jej do této linie zařadit; ačkoliv v Čechách
působil poměrně krátkou dobu, patří mu místo vedle jeho
generačních kolegů Jiřího Trnky, Zdenka Seydla, Karla Vaci,
Kamila Lhotáka nebo spolužáka z pařížské École des Beaux-
-Arts Miloslava Troupa. Šašek vystudoval architekturu a malbu
(u prof. Oldřicha Blažíčka) na pražském ČVUT, a když se po
druhé světové válce začal zabývat dětskou ilustrací, měl za sebou
i zkušenosti s kreslením karikatur a vtipů, které publikoval
ve Svobodném slově, v Českém slově a v Kvítku. Jeho výtvarný
názor byl tehdy blízký Trnkovým raným kresbám, především

---

1 — Holešovský, F., *Ilustrace pro děti*. Praha: Albatros, 1977.

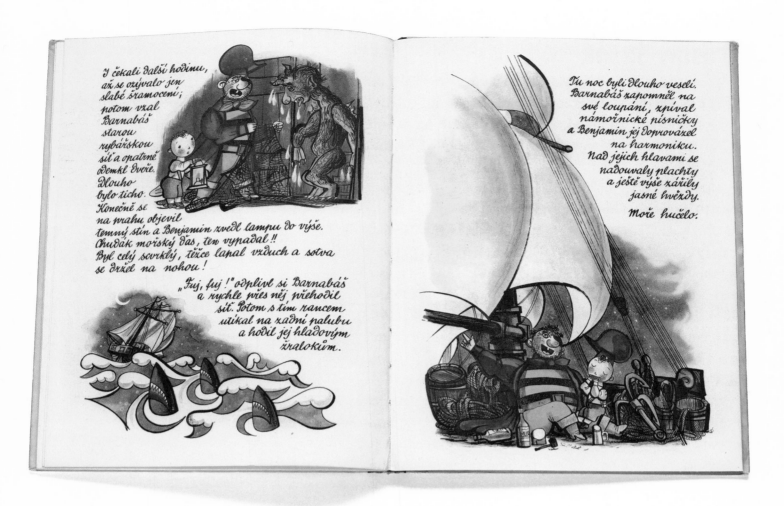

Mistr Jean Cotart / perokresba / asi 1947

groteskním ilustracím k humoristickým románům Vítězslava Šmejce Tygr pana Boška (1937) a Tygr jede k moři (1941). Šaškův osobitý styl se vyznačoval oblými tvary, které byly plasticky modelovány barevnými stíny nebo formovány důraznou konturou. Všestrannost talentu předvedl zejména ve vlastním vyprávění z roku 1947 Benjamin a tisíc mořských ďasů kapitána Barnabáše.

Příběh o malém chlapci, který si na břehu rybníčka u starého mlýna vysní divoké námořní dobrodružství, umožnil kaligrafickému textu volně a bezstarostně plynout mezi ornamentálním vlnobitím a rekvizitami pirátských historek.

Šašek ilustroval také první české vydání Chevallierových Zvonokos (1948), říkanky pro nejmenší (Má nejmilejší říkadla a Veselý kalendářík, 1948), v nichž organicky spojil obraz s ručně psanými veršíky, i dětské knížky Jana Pilaře (Krysař, 1945), Eduarda Petišky (Sedm mamlasů, 1948) nebo Josefa Hiršala (Červená Karkulka, 1949).

Slibně se rozvíjející spolupráci s českými vydavateli přerušily události následující po únorovém převratu roku 1948. Praktickým důsledkem zákona o vydávání knih,[2]

2 — Zákon č. 94/1949 Sb. o vydávání a rozšiřování knih, hudebnin a jiných neperiodických publikací byl Národním shromážděním schválen v březnu 1949.

města, obstarat nákupy do obchodu, jak říkávala. Za války se z Ferdy Cupra stal úplný bačkorář a k tomu také pijan.

Brzy po válce se ve Zvonokosech objevil Lorenc Pořízek, ubytoval se v hostinci a hned se sháněl po nezbytném doplňku životních potřeb, který mu podezíravý dozor Bohdana Macaráta nedovolil hledat u hostinky, ačkoli by to bývalo nejprostší. Chodíval do Krásenského bazaru nakupovat samé drobnosti, a to tak často, že to bylo až legrační. Po jednom kousku si tak opatřil osmnáct patentních knoflíčků, tedy předmětů, velmi potřebných svobodným mládencům, o něž se doma nikdo nestará. To ponoukalo milosrdné ženy říkat jim: »Potřebovali byste ženu...«, a bystří mládenci ohnivě odpovídali: »Takovou, jako jste vy...« V očích krásného oficiála byla orientální unylost. Vzbudily v Juditě silný dojem a rozdmychaly v ní zase všechnu mladickou bouřlivost, obohacenou zkušenostmi, které přináší jenom zralý věk.

Brzy bylo pozorováno, že ve čtvrtek, to jest v den, kdy Judita jezdívala autobusem do města nakupovat, Pořízek pokaždé odjíždel na motorce a vracíval se domů teprve večer. A stejně bylo pozorováno, že krásná Judita začala pilně jezdit na kole, prý ze zdravotních důvodů, ale tato péče o zdraví ji pokaždé zlákala na cestu, která vede rovnou do lesa zvaného Mechovina, útočiště zvonokoských milenců. Eulalie Čubíková prozradila, že oficiál, zatím co Cupr sedí v hospodě, se za soumraku plíživá Mníškovou uličkou až k brance, která vede do dvora Krásenského bazaru. A nakonec tvrdili někteří lidé, že oficiála a Juditu potkali ve městě v ulici, kde jsou samé hotely. Od té chvíle již nikdo nepochyboval o Cuprové smůle.

Tak trval tento poměr nestydatě již tři roky a již nikdo mu nevěnoval pozornost. Veřejné mínění dlouho čekalo nějaký skandál, možná i drama, ale potom, když vidělo, že provinilci se v té nezákonnosti ulebedili docela pevně a pohodlně, přestalo se o ně zajímat. V celém údolí o tom nevěděl jediný Cupr. Velmi se s Pořízkem spřátelil, ustavičně ho k sobě zval a pyšně mu ukazoval Juditu. Tak často, že Judita nakonec uznala za nutné zakročit a pro-

48

Zvonokosy / Gabriel Chevallier / Jaroslav Zaorálek / 1948

Novely / Matteo Bandello / Karel Synek / 1947

Hříšníci všichni do vln napadali.
Nesmírná řeka plyne zase dál...
Teď nefouká už krysař do píšťaly,
vykonal soud a píseň dopískal.

A nastal večer. Hvězdy vyskákaly
na oblohu jak něžná kuřata.
Uprostřed nich se vykutálel malý
měsíček - pastýř celý ze zlata.

Dnes noc je stejná jako tenkrát byla
nad městečkem, o němž jsem vyprávěl.
Kdo to trh' zvonkem? Rozpustilá víla,
nebo jen sen se dotkl vašich čel?

Možná, že právě dnes a v tuto chvíli
po černých cestách bloudí krysař sám
a míří k lidem, kteří hříšně žili -
Nebo jen smutně kráčí, Bůh ví kam.

Vy sladce spíte a snad se vám zdají
pohádky jiné dlouho do rána,
kdy na tabulky oken zafukají
paprsky žluté jako smetana.

Krysař / Jan Pilař / Antonín Doležal / 1945

Ilustrace z knihy To je Paříž

který socialistický stát prezentoval jako poslední a nezbytný administrativní krok k vyloučení knižního braku z národní kultury, byla destrukce soukromého nakladatelského podnikání. Pro Miroslava Šaška to mimo jiné znamenalo konec hlavního zdroje příjmů. Poté co v roce 1948 definitivně zůstal s manželkou v Paříži, živil se jako architekt a reklamní grafik. Když na počátku padesátých let udělal hlasovou zkoušku pro rádio Svobodná Evropa (RFE), přestěhoval se do Mnichova, kde se vypracoval na „rozhlasovou hvězdu". Podle Františka Tomáše, s nímž tehdy pro spolupracovníky z redakce RFE připravoval a vydával humoristický časopis Škorpión, to byl *„nejlepší herec, nejlepší recitátor a zpěvák"*, který dovedl *„vzorně přečíst komentář a kulturní text, zahrát v rozhlasové hře, zazpívat v rozhlasovém kabaretu."*[3] Šašek se přesto po šesti letech rozhlasové práce odhodlal vrátit k dětské knize, přesněji řečeno k jednomu neuskutečněnému nápadu z konce čtyřicátých let, jímž byl průvodce Paříží pro děti, kterého tehdy chystal pro pražské nakladatelství Ladislava Kuncíře.

Jak měla knížka původně vypadat, se můžeme dohadovat ze zmínky o *„spoustě textu s drobnými obrázky".*[4] Možná že Šašek chtěl navázat na princip, který použil v Benjaminovi, a vyprávění o milovaném městě příležitostně doplňovat vhodnými skicami. Jisté je, že nápad zrál deset let, a když se k němu Šašek na podzim roku 1957 vrátil, nepovažoval už kresbu za pouhý ilustrační doprovod informativního textu, ale chápal ji jako svébytnou vizuální informaci, schopnou nést podstatnou část sdělení. Podle dopisů, které psal Haně Šklíbové, kolegyni z mnichovské redakce Svobodné Evropy, nevznikala nová knížka lehce. Šašek si stěžoval na mlhavá rána a chladné dny: *„Bude to pravděpodobně ošklivá zima po všech stránkách. V pokoji mám jedno mizerný okno a prsty mně mrznou. Jak mám vůbec něco nakreslit?"*[5] Během následujícího roku nicméně práci dokončil, a když kniha This is Paris v roce 1959 v londýnském nakladatelství W. H. Allen vyšla, překvapila vizuálním i slovním humorem a moderním výrazem. Věrné portréty pařížské architektury byly vetkány do sítě odkazů na evropskou malířskou avantgardu; siluety známých pařížských staveb vyrůstaly ze záplavy skvrn, upomínajících na zářivě pestré krajiny Augusta Mackeho nebo geometrické metafory Paula Kleea. Ve srovnání se Šaškovou ilustrační tvorbou ze čtyřicátých let prodělaly podstatnou změnu

Miroslav Šašek, fotografie Wernera Roelena k článku Der Kolumbus mit Marderpinsel, Das Schönste, září 1961

3 — Tomáš, F., *Je sedm hodin středověkého času. Postavy a příběhy ze začátků Svobodné Evropy*. Praha: Jan Kanzelsberger, 1999.

4 — *U portrétisty velkoměst*. Rozhovor Františka Tomáše s Miroslavem Šaškem. České slovo, 2. 1. 1961.

5 — Šklíbová, H., *In memoriam M. Šašek*. Nedatovaný přepis vysílání RFE, obsahující úryvky z korespondence s M. Š. Text je uložen v pozůstalosti M. Šaška.

Malíři na Montmartru malují
chrám Sacré-Coeur — Svaté srdce.

Stránka z knihy To je Paříž

především figurální motivy, které pozbyly pečlivé artikulace objemů ve prospěch vynalézavě stylizovaných plošných tvarů. V tvářích Pařížanů se mihly vzpomínky na portréty Amedea Modiglianiho i reminiscence na karikaturní kresby Saula Steinberga. Oproti jeho virtuózně vedené linii však Miroslav Šašek zůstal věrný akvarelové skvrně a bohatým texturám štětcové stopy.

K mezinárodnímu proudu umění inspirovaného meziválečnou modernou, který se od konce čtyřicátých let rozléval od propagační grafiky až k animovanému filmu, se Šašek touto knihou rozhodně přihlásil zcela osobitým způsobem.

Ačkoliv vizuální styl jeho ilustrovaných průvodců doznal během patnácti let jen menších změn, Šašek nepřestával průběžně promýšlet dynamiku vztahu mezi grafickou zkratkou a věrností zobrazované předloze, protože byl přesvědčen, že děti jsou v podstatě realisté s vyvinutým smyslem pro detail. Na sklonku šedesátých let v rozhovoru s americkým spisovatelem a pedagogem Lee Hopkinsem uvedl příklad jejich lpění na pravdivosti zobrazení: *„Pokud má budova 54 oken a já jich místo toho namaluji pouze 53, můžu očekávat záplavu dopisů. Děti dnes ví všechno – svět je mnohem menší."*[6] Do té doby nezvyklý rozhled v této oblasti mohla nová generace získat nejen díky rozvoji turistiky, ale především ze záplavy fotografií šířených tiskem a televizí. Šašek sám nicméně fotografie z příslušných míst pro svou práci zásadně nepoužíval. Pokaždé pobýval několik měsíců ve městě, o němž právě připravoval novou knížku, a pracoval přímo v jeho ulicích. Ačkoliv kresby často dokončoval až večer v hotelovém pokoji, pracovní metodou zůstal věrný principům plenérové malby, které si osvojil během studií u krajináře Oldřicha Blažíčka.

Střídání panoramatických „záběrů" s výmluvnými detaily však přispělo k tomu, že uspořádání obrázků a textů v knížkách ze série This is… nakonec připomíná spíš propracovaný scénář filmové reportáže[7] než tradiční skicák, v němž se motivy volně hromadí během malířových toulek městem. Inspirace filmovou řečí byla ostatně jedním

Řím / kresba / 1961 / 36 x 51

---

6 — Hopkins, L. B., *Books are by People: Interviews with 104 Authors and Illustrators of Books for Young Children*. New York: Macmillan Publishing Company, 1969.

7 — Počátkem šedesátých let Šaškovy knihy upoutaly také pozornost amerického pedagoga a filmového producenta Mortona Schindela, který chtěl ukázat čtení jako aktivitu v televizní éře nejen stále důležitou, ale také zajímavou a zábavnou. V Schindelově studiu Weston Woods vznikly filmové adaptace podle Šaškových průvodců New Yorkem, Benátkami, státem Izrael a Irskem.

Dobové plakáty letecké společnosti TVA

Nepoužitá kresba pro To je New York

z podnětů, který na konci padesátých let rozproudil úvahy o „nové tvářnosti dětské knihy", a to i za železnou oponou, v socialistickém Československu. Mimořádnou prozíravost v tomto směru prokázal Z. K. Slabý, když ilustrátorům knih pro děti a mládež doporučoval hledat poučení u principu filmového prolínání různých prostředí nebo ve filmovém sledu obrázků, který by jim pomohl narušit *„zastaralou nehybnost leporel"*.[8] Autoři uměleckonaučných knížek neměli dětem ukazovat *„pouze rezekvítek, husu, jabloň, koně a kosu, nýbrž i auto, letadlo, kombajn a pionýrský dům* [a zobrazit] *před jejich užaslýma očima lidi v nejrůznějších zaměstnáních"*.[9] Tehdejší debata o takových otázkách ovšem narážela na mantinely autoritativního pedagogického programu, v němž se mimo jiné zvažovala přípustná míra výtvarného experimentu v knize pro mládež. Zatímco ilustrace Stanislava Kolíbala byly předmětem rozsáhlé polemiky,[10] kritika s bezvýhradným nadšením uvítala Dětskou encyklopedii Bohumila Říhy, která s obrázky Vladimíra Fuky poprvé vyšla ve stejném roce jako Šaškův průvodce Paříží. Recenzenti tohoto úspěšného pokusu, který usiloval zbavit se vlivu sovětské naturalistické ilustrace a zpracovat vážný námět veselou formou, ocenili vyvážené spojení naučného záměru se zábavným výrazem v obraze i v textu. Bohumil Říha dal před obvyklou definicí přednost jazykovému užití příslušného hesla v drobných příbězích z dětského světa a Fukův vizuální humor se sklonem ke karikatuře mu při tom byl rovnocenným partnerem. Mezi téměř tisícovkou hesel Dětské encyklopedie bylo také „město", které Fuka představil jednou jako shluk starobylých domů, mezi nimiž ční věže gotických kostelů a barokních chrámů, podruhé (v příloze na konci knihy) jako labyrint funkcionalistické architektury, dopravních symbolů, inženýrských sítí a reklamních poutačů. Nápisy v češtině naznačují, že oním městem byla Praha, do níž se „portrétista velkoměst" Miroslav Šašek vzhledem k politické situaci už nikdy nevrátil, ačkoliv o tom snil. *„Praha by se dělala. Tu bych si s chutí nakreslil,"* napsal Haně Šklíbové. *„Tam bych nic nemusel hledat, vím přesně, co by tam muselo být. To by byla taková veselá knížka."*[11]

8 — Slabý, Z. K., *Několik časových zamyšlení nad prózou pro malé a nejmenší.* In: Rozpory a výhry dnešní dětské knihy. Praha: SNDK, 1962.

9 — Tamtéž, s. 13.

10 — Viz články o Kolíbalových ilustracích ke *Stromu pohádek z celého světa* ve IV. ročníku kritické revue tvorby pro mládež Zlatý máj (1960).

11 — Šklíbová, H., *In memoriam M. Šašek.* Nedatovaný přepis vysílání RFE, obsahující úryvky z korespondence s M. Š. Text je uložen v pozůstalosti M. Šaška.

Nepoužitá kresba pro To je New York

Vladimír Fuka, který měl v padesátých letech ve svém ateliéru pověšenou monumentální zvětšeninu snímku newyorské Páté avenue, toužil naopak po cestě do Spojených států.

První výlet do zámoří mohl podniknout až v polovině šedesátých let. Během krátkého pobytu jej naprosto okouzlil New York, který tehdy považoval za ústí labyrintu do svobodného světa. Zpátky domů si přivezl množství kreseb, inspirovaných Steinbergovými kouzly s čistou linií, a ve Státním nakladatelství dětské knihy prosadil nápad na realizaci ilustrovaného průvodce. Vzhledem k tomu, že textovou část knížky měl připravit Zdeněk Mahler, vypravil se společně s ním do New Yorku znovu, na místě si pak oba pořídili vysílačky s dosahem dvou kilometrů, aby si při oddělených procházkách městem mohli sdělovat okamžité dojmy.[12] Po návratu do Československa knížku dokončili, avšak Jízdenka do New Yorku vzhledem k Fukově emigraci skončila tehdy ve stoupě. K jejímu vydání došlo na základě makety, kterou se Mahlerovi podařilo zachránit, až v roce 2008. Díky tomu můžeme výsledek srovnat se Šaškovým portrétem New Yorku z roku 1960.

Miroslav Šašek i Fuka s Mahlerem strávili v americké metropoli poměrně krátkou dobu s velmi podobným cílem: v obraze i v textu toužili nalézt typický výraz pro osobitou a výlučnou povahu místa, nikoliv jen zachytit prchavý dojem z návštěvy nebo ilustrativní momentku. Jistá podobnost výtvarného řešení obou knih, zejména stylizovaná figurace kontrastující s pečlivým ztvárněním velkoměstské architektury, je dána spíš shodnými východisky obou umělců v moderní malbě i jejich zájmem o soudobou karikaturu a vizuální humor než přímým vlivem.

Po více než čtyřiceti letech od prvních zahraničních vydání začaly vycházet v Čechách poprvé také Šaškovy knížky ze série This is… Je otázka, zda budou příležitostí k mezioborové reflexi proměn moderních metropolí nebo jedním z mnoha zdrojů nostalgických vzpomínek anebo zda vzbudí pozornost další generace dětí a stanou se pro ně inspirativním slabikářem brilantního vizuálního jazyka.

**Pavel Ryška**

12 — Naše rodina [online]. *Nejsem biblický prorok*. Rozhovor se Zdeňkem Mahlerem. Dostupné z: <http://www.nase-rodina.cz/article.php?clanek=726>.

136½ Wright St.
Rittman, Ohio 44270
April, 18, 1975

M. Sasek
c/o The Macmillan Co,
866 Third Ave.
New York, N.Y. 10022

Dear Mr. Sasek:

I like your book because I like space things.
I like This is Cape Kennedy because it tells how a
space ship is tracked. It tells me what the ships weight is.
It tells me when it was launched how the flight was.

I would like to ask you somethings.
I would like to know how old you were when you wrote
your first book and how many books you wrote.

Yours truly,
Johnny Staley

Poděkování:
Libri prohibiti (Jiří Gruntorád a Miroslava Pourová), Knihovně Václava Havla (Jan Hron),
Památníku národního písemnictví (Iva Prokešová), Československému dokumentačnímu
středisku (Jitka Hanáková), Sukově studijní knihovně literatury pro mládež (Alice Košková),
revui Paměť a dějiny (Patrik Virkner), Revolver Revui (Terezie Pokorná a Viktor Karlík),
NROS (Hana Šilhánová a Marie Uhlířová), Aerokubu Raná (Tomáš Mezera),
Catherine Soden–Čerychové, Krystyně Wanatowiczové, Prokopu Tomkovi,
Stanislavu Dvořákovi, Janu Kovařovicovi, Josefu Švecovi, Zdeně Sládkové,
Karolině Kovtunové, Jiřímu Kovtunovi, Jiřímu Šetlíkovi, P. Bohuslavu Švehlovi,
Pavlu Matesovi, Anně Kubiště, Evě Němcové, Marii a Axelovi Plešingrovým,
Janu Plešingrovi, Daně Svobodové, Michaelu Svobodovi, Janě Bertkauové,
Patricii Svobodové, Jeanu Wyckmansovi, Vlastě Novákové, Otokaru Šaškovi,
Petru Jedličkovi, Otakaru, Haně a Otakaru ml. Šaškovi, Anně Šantorové.

texty: Olga Černá, Pavel Ryška & Martin Salisbury
koncepce & grafická úprava katalogu: Juraj Horváth
fotografie: Ondřej Přibyl / předtisková příprava: Radek Typovský (Marvil)
redakce: Terezie Pokorná / překlad: Štěpán Nosek
tisk: Tiskárna Protisk s. r. o., České Budějovice
v roce 2014 vydalo nakladatelství Baobab
(ve společnosti Baobab&GplusG, s. r. o., Plavecká 14, Praha 2)
& Nadační fond Miroslava Šaška

ISBN  978-80-87060-94-0